AF321829

NOTICE NÉCROLOGIQUE

SUR

M. HENRY MAGUIN

DOCTEUR EN DROIT

ANCIEN MEMBRE DU CONSEIL GÉNÉRAL DE LA MOSELLE

MEMBRE DES ACADÉMIES DE METZ ET DE STANISLAS

ANCIEN PRÉSIDENT DU COMICE AGRICOLE DE METZ

ANCIEN VICE-PRÉSIDENT DE LA SOCIÉTÉ CENTRALE D'AGRICULTURE

DE MEURTHE-ET-MOSELLE

PAR

L. VIANSSON

NANCY

IMPRIMERIE E. RÉAU, RUE SAINT-DIZIER, 51

—

1876

NOTICE NÉCROLOGIQUE

SUR

M. HENRY MAGUIN

DOCTEUR EN DROIT

ANCIEN MEMBRE DU CONSEIL GÉNÉRAL DE LA MOSELLE

MEMBRE DES ACADÉMIES DE METZ ET DE STANISLAS

ANCIEN PRÉSIDENT DU COMICE AGRICOLE DE METZ

ANCIEN VICE-PRÉSIDENT DE LA SOCIÉTÉ CENTRALE D'AGRICULTURE

DE MEURTHE-ET-MOSELLE

PAR

L. VIANSSON

NANCY

IMPRIMERIE E. RÉAU, RUE SAINT-DIZIER, 51

1876

NOTICE NÉCROLOGIQUE

SUR

M. HENRY MAGUIN

Messieurs,

La Société centrale d'agriculture de la Meurthe et l'Académie de Stanislas, en ouvrant libéralement leurs portes et en accueillant fraternellement les exilés de Metz et de l'Alsace, avaient droit d'attendre d'eux, en retour, un concours assidu.

L'un de ceux sur lequel nous comptions le plus pour acquitter cette dette vient de disparaître de nos rangs et y laisse un vide dont vous pouvez déjà apprécier toute l'étendue.

Henry Maguin, né à Metz, en 1830, n'avait pas été préparé par ses études premières à la carrière qu'il parcourut. Lorsqu'il fut reçu avocat au barreau de Metz, la pureté de sa diction, sa grande facilité de travail, son ardente activité lui permettaient d'aspirer aux plus hautes fonctions. Mais, dès ses premiers pas, il comprit que deux voies s'ouvraient devant lui: l'une qui peut mener à la célébrité ceux qui l'adoptent, mais qui tôt ou tard vous fait reléguer au second rang les intérêts du pays; l'autre, plus modeste, plus ignorée, mais qui conduit à la plus belle des récompenses: l'estime de tous et la satisfaction du devoir accompli.

Dans un discours prononcé en 1864, à l'ouverture de la Conférence des avocats, Henry Maguin retrace en peu de mots ce qui fut le programme de son existence « *Rendre* » *à Dieu et aux hommes ce qui leur est dû, travailler* » *à instruire et améliorer ses semblables* ».

Dès ce jour, il ne cessa de consacrer sa vie au bien public. Son talent d'avocat, son titre de docteur en droit, mis gratuitement à la disposition de tous ses concitoyens et plus particulièrement de tous les habitants de son canton, son activité infatigable dès qu'il s'agissait de soulager les misères d'autrui ou de réparer quelqu'injustice lui durent bientôt de nombreux amis dans tous les rangs de la société. Il possédait une importante propriété agricole dans la vallée de la Seille, à la Hautonnerie, il voulut se mettre au courant de toutes les questions qui intéressent les campagnes, de tous les phénomènes de cette science que l'on n'approfondit à l'aide des livres que lorsque l'apprentissage en a été fait dans les champs. Il mit la main à la charrue, voulut semer, tailler ses vignes, étudier le fort et le faible de chaque procédé et après quelques années, on pouvait dire de lui ce que François de Neufchâteau disait si justement en prononçant l'éloge d'Olivier de Serres : « On sent à chaque page qu'il a mis la main à l'œuvre, avant de la mettre à la plume ».

Les rudes labeurs de l'agriculture révélèrent à Henry Maguin tout un ordre d'idées économiques et philosophiques dont son esprit supérieur entrevit bientôt la magnifique harmonie. Il vit que le succès en agriculture est toujours inséparable du travail, de l'ordre, de l'économie, de la prévoyance, de toutes ces vertus domestiques, de toutes ces fortes qualités qui constituent le bon père de famille. Appliquant à la société le résultat de ses observations sur la famille agricole, il comprit qu'en améliorant le sol, on améliore les hommes. Avec Bastiat, Cochin, Le Play, il chercha à prouver qu'il ne suffisait pas de rendre meilleur le sort des classes pauvres, qu'il fallait aussi réformer l'esprit des classes riches, et que tant qu'une centralisation aveugle précipiterait fatalement les populations vers les grands centres au détriment des campagnes, on chercherait inutilement des remèdes à un mal dont on se refusait à voir la cause. « L'agriculture ne sera réorganisée que le jour où la société tout entière reposera sur la religion, la famille et la propriété, et lorsque ces fondements éternels seront réédifiés avec les formes essentielles de la civilisation moderne, celles de la liberté. »

Un rapport fait au Comice agricole de Metz sur l'importance des houes à cheval attira l'attention des cultivateurs. On s'aperçut que ce jeune avocat possédait à fond les questions qu'il venait traiter. Non content de donner à son œuvre tous les développements théoriques qu'elle comportait, il fit sur le terrain des démonstrations qui prouvèrent aux esprits les plus prévenus que la science, la force et l'adresse pouvait se concilier.

Nommé en 1865 président du Comice agricole de Metz, peu après membre de l'Académie, Henry Maguin ne cessa de consacrer tous ses efforts à donner une impulsion énergique et intelligente au progrès agricole. Chaque année les comptes rendus des Commissions de visites de fermes, des concours agricoles, montrent les efforts incessants dans cette lutte entreprise contre la routine et l'ignorance. Ses rapports sur les baux à long terme, sur la culture des pommes de terre, sur les irrigations, sur l'aménagement des fosses à purin resteront dans les bulletins du Comice de Metz comme autant de traités sur ces questions. Ces études pourront être modifiées par le temps, elles ne sauraient être plus consciencieuses et plus complètes.

La direction du Comice de Metz, les essais agricoles poursuivis à la Hautonnerie avec une scrupuleuse attention, les visites aux écoles, une participation active aux Commissions cantonales de chemins, aux séances du Syndicat de la Seille n'occupaient pas tous les instants de notre regretté confrère. Il ne serait pas possible de trouver dans notre pays une œuvre ayant pour but la moralisation de la classe ouvrière, ou la propagation de l'instruction primaire, sans y voir son nom attaché, sans y constater les traces de son action. Un de ses amis a pu le dire avec vérité dans un article nécrologique qui paraissait il y a quelques jours dans le *Courrier de Meurthe-et-Moselle*: « La générosité de sa nature était expansive. Il y avait en lui de l'apôtre. Fortune, intelligence, travail, il donnait tout sans compter, il se donnait tout entier à ce qu'il croyait la vérité. »

En 1867, les suffrages des habitants du canton de Verny envoyèrent Maguin au Conseil général. Dans cette assemblée, il se fit remarquer dès le début comme un travailleur consciencieux qui voulait se rendre compte sérieusement des faits soumis à son appréciation et ne se prononçait jamais sans une conviction raisonnée. N'appartenant à aucun groupe politique, ne recherchant ni honneurs, ni dignités, le jeune Conseiller général fit une guerre acharnée aux lenteurs et aux abus qu'une tradition inconsciente perpétue dans les bureaux de nos grandes administrations. Tous ses efforts tendirent à intéresser ses collègues à la défense des intérêts des campagnes.

L'un des moyens les plus sûrs d'arriver au but que Maguin poursuivait sans relâche était le développement de l'instruction agricole à tous les degrés. Ainsi qu'il le disait lui-même, : « L'instruction agricole développe les facultés du cultivateur, abrége et complète son apprentissage et le met à même de profiter sans déplacement de l'expérience des meilleurs agriculteurs du monde. De plus, les bons conseils, la tendance agricole que donne cette instruction à l'enfant lui apprennent à aimer, à estimer la profession de ses parents et combattent dans une certaine mesure la désertion des campagnes. »

Cette guerre à l'ignorance se poursuivit sous sa direction pendant trois années. Pendant l'hiver, presque chaque dimanche, Maguin ou l'un de ses amis qu'il avait animé du feu qui le dévorait, se transportaient dans quelque commune de l'arrondissement et là, devant un auditoire de cultivateurs, ils exposaient le fruit de leurs travaux ou résumaient les meilleurs traités sur les machines agricoles, sur l'agriculture, sur la viticulture, sur l'hygiène, etc. En dehors de ces réunions, il se fit à l'hôtel de ville de Metz un certain nombre de conférences, Henry Maguin y traita différents sujets; en parlant de Jeanne d'Arc il obtint un véritable succès. Dans l'histoire de la bergère lorraine, le dévouement à ses frères et l'amour de la patrie se prêtent à de trop nombreux rapprochements pour n'avoir pas fourni de magnifiques développements à ce noble cœur.

En 1866, l'enquête agricole fut dirigée dans l'arrondissement de Metz par le président du Comice agricole avec la plus sévère exactitude. Toutes les réponses fournies au questionnaire officiel ont été minutieusement contrôlées, les cultivateurs de la région furent tous appelés et entendus. En dehors des questions purement agricoles, la partie judiciaire et administrative de l'enquête fut traitée avec le concours de tous les hommes spéciaux. Maguin dirigeait les débats, discutait les documents apportés, entrait dans les plus petits détails avec une sûreté de jugement et une connaissance spéciale qui surprenaient les hommes habitués à la pratique constante de ces mêmes affaires.

Les discours qu'il prononça en faveur de la liberté de tester, sur les abornements cadastraux, sur l'énormité des frais judiciaires qui, sous prétexte de protection, absorbent le patrimoine de la veuve et du mineur, sur bien d'autres questions encore, sont présents à l'esprit de tous ceux qui, prenant part à ces travaux, admiraient cet esprit varié, cette intelligence profonde et jouissaient de sa diction si précise et si pure.

Les événements de 1870 arrivent ; toute la vie de Maguin a été employée à propager les idées de paix et de civilisation, la guerre lui est odieuse ; il entrevoit, dans son patriotisme éclairé, l'abîme qui se creuse sous nos pas ; il ne fait cependant pas entendre une plainte et s'élance généreusement en avant. Personne ne s'occupe des approvisionnements de Metz. Il envoie des circulaires de tous côtés, fait de nombreuses démarches, excite ses amis jusqu'au moment où le gouverneur de Metz, associé à toutes les hontes et à toutes les responsabilités du commandement, lui ordonne de mettre fin à ses démarches « de peur d'alarmer les populations. »

Forcé de reporter son activité sur d'autres points, Maguin se fit recevoir adjoint volontaire à l'hospice temporaire du Polygone. Secondant dans leur héroïque dévouement nos médecins, nos aumôniers, les filles de Saint-Vincent-de-Paul auxquelles s'étaient associées toutes les femmes de Metz et ne consultant ni ses forces, ni la prudence, il contracta dans l'exercice de la plus sublime vertu les germes d'une altération générale de santé qui permit à la maladie d'avoir bientôt raison de ce vigoureux tempérament usé avant l'âge sur ce noble champ de bataille.

Les tortures morales s'ajoutent aux fatigues physiques. L'odieuse trahison s'accomplit, les courages les mieux trempés plient sous cette inexorable fatalité; Maguin se relève, on a besoin de lui. Nos campagnes sont dévastées, les maisons pillées, les habitants ruinés, il s'agit de donner à tous du pain, des vivres, des vêtements, de réparer les maisons, d'ensemencer les champs. A l'exemple du saint évêque de Metz, la maison du Président du Comice devient un entrepôt où la Société des Amis, les Luxembourgeois, les Suisses, les Hollandais, d'autres encore viennent avec une charité admirable entasser des ressources de tous genres. Avec le concours de quelques membres du Comice, Maguin parcourt tout le pays dévasté, s'enquiert des besoins de chacun et distribue près de 10 000 sacs de grains, 12 000 sacs de pommes de terre, des vêtements, des secours en argent et en nature.

Cette noble mission se terminait à peine lorsqu'appelé pour déposer dans un procès devenu célèbre, le Président du Comice de Metz comparut à Trianon.

Tous ceux qui assistaient à ces solennelles assises se rappellent l'impression produite lors de l'entrée de notre ami dans cette redoutable enceinte. La vue de ce visage amaigri par la souffrance, de cette tête si rayonnante d'intelligence produisit une sensation intraduisible. Les regards se reportaient de l'autre côté de la salle et le contraste entre celui qui représentait Metz livrée et trahie et la tenue dédaigneuse et insultante pour ses victimes de l'accusé, était tout un long plaidoyer en faveur de la plus sainte des causes.

Henry Maguin vit bientôt que son zèle ne pourrait plus trouver sur son ancien terrain d'action la liberté nécessaire pour y faire tout le bien qu'il avait en vue. Jusqu'au dernier moment, et comme Président de l'Académie et comme membre du Comice agricole il resta sur la brèche et défendit pied à pied nos institutions, nos libertés locales, nos établissements religieux et charitables. Dans cette lutte, si son courage était toujours à la hauteur de sa foi, ses forces physiques ne pouvaient plus le seconder. Il dut abandonner Metz et vint se réfugier à Nancy.

Son trop court séjour au milieu de vous, Messieurs, vous a cependant permis d'entrevoir les qualités solides de notre généreux ami, et séduits par cet attrait qu'il savait inspirer à tous ceux qui l'approchaient, vous l'aviez nommé vice-président de votre Société, l'Académie de Stanislas lui avait ouvert les rangs de ses membres titulaires, on l'avait appelé à faire partie de la délégation cantonale pour l'instruction primaire.

Croyant sentir ses forces renaître, Maguin chercha de quel côté il allait employer sa merveilleuse activité. Un discours prononcé en 1873 sur le rôle de l'éducation et de l'instruction publiques avait attiré l'attention des hommes qui se préoccupent de l'étude de ces importantes questions. Le Ministre de l'Instruction publique lui confia le soin de poursuivre une enquête sérieuse sur les améliorations qu'il était possible d'emprunter aux peuples voisins. La première partie de sa mission terminée, Maguin, après quelques jours de repos au sein de sa famille, s'apprêtait à retourner en Suisse lorsque la maladie vint le saisir et eut trop vite raison de ce corps usé par une vie dévouée à son pays et à ses semblables. Le 14 mai 1876, à la Hautonnerie, il était enlevé à notre affection après quelques jours de maladie.

Avant que la tombe ne se referme sur les restes de l'homme qui avait tant aimé sa patrie, la voix la plus autorisée pour parler et au nom de ses concitoyens et au nom de l'honneur et du patriotisme, la voix du premier représentant de la ville de Metz se fit entendre pour rendre à Maguin un dernier hommage.

Pour nous, Messieurs, nous avons à puiser dans le souvenir de cette noble vie un précieux exemple. Une vie consacrée toute entière au soulagement de ses semblables, absorbée dans la pratique des vertus qui caractérisent l'homme de bien et le bon citoyen, est pour tous un enseignement.

Puissions-nous mériter que l'on dise de nous cette belle parole prononcée aux funérailles de Chatham et qui s'applique si parfaitement à notre excellent ami Henry Maguin : « Il n'a pas tant vécu pour lui que pour son pays. *Non sibi sed patriæ vixit.* »

195